刻在石头上的中华五千年

有故事的国宝石刻

煜程国际文化传播（北京）有限公司
苏州和云观博数字科技有限公司 /著　张云 /主编

天地出版社　TIANDI PRESS

图书在版编目（CIP）数据

有故事的国宝石刻 / 煜程国际文化传播（北京）有限公司，苏州和云观博数字科技有限公司著；张云主编 . —成都：天地出版社，2023.1（2023.3重印）

（刻在石头上的中华五千年）

ISBN 978-7-5455-7295-7

Ⅰ．①有… Ⅱ．①煜… ②苏… ③张… Ⅲ．①石刻—考古—中国—古代—儿童读物 Ⅳ．① K877.4-49

中国版本图书馆 CIP 数据核字（2022）第 195983 号

YOU GUSHI DE GUOBAO SHIKE
有故事的国宝石刻

出 品 人	杨　政
总 策 划	戴迪玲
责任编辑	王　倩　刘桐卓
装帧设计	霍笛文
营销编辑	陈　忠　魏　武
责任印制	刘　元

出版发行	天地出版社 （成都市锦江区三色路 238 号 邮政编码：610023） （北京市方庄芳群园 3 区 3 号 邮政编码：100078）
网　　址	http://www.tiandiph.com
电子邮箱	tianditg@163.com
经　　销	新华文轩出版传媒股份有限公司
印　　刷	北京雅图新世纪印刷科技有限公司
版　　次	2023 年 1 月第 1 版
印　　次	2023 年 3 月第 2 次印刷
开　　本	787mm×1092 mm 1/16
印　　张	3
字　　数	50 千字
定　　价	28.00 元
书　　号	ISBN 978-7-5455-7295-7

版权所有◆违者必究

咨询电话：（028）86361282（总编室）
购书热线：（010）67693207（营销中心）

如有印装错误，请与本社联系调换。

西安碑林博物馆编委会

- 主　　编：张　云
- 副主编：李　慧
- 编　　委：刘　艳
　　　　　　倪丽烨
　　　　　　白雪松

本书编委会

- 特约策划：徐燕明
- 执行主编：李　佳
- 特约编辑：李　佳　高艳花　张　莉
- 插　　画：李志关
- 美术编辑：刘　孟　卜翠红
- 视效编辑：李倩倩　吕文昊
　　　　　　周年琨　朱苏倩

AR 文物课开讲啦

本书精选 20 组文物，量身打造 20 节 AR 文物课。只需两步，古老的文物就会与崭新的 AR 技术相遇，让文物"动"起来！

❶

用微信扫描二维码，进入本书的 AR 小程序；

❷

识别有  的页面；或者点击左下角"臻品"，选取相关文物讲解；

AR 文物课开始了，听文物讲述自己的故事！

01 米脂官庄墓门

独角兽，它的大名叫獬豸（xiè zhì）。

基本信息

时代：东汉（25—220）
尺寸：高172厘米，宽192厘米
文物来源：出土于陕西省米脂县官庄村

造型华丽的东汉墓室石门

这套东汉墓门雕刻手法灵活生动，雕刻内容展现了创作者丰富的想象力。墓门的横额和两侧立柱是用一整块石料雕刻而成的，中间凿去的部分作为门洞，又另外镶嵌了两块门扉。这种形制的墓门多在陕北地区发现。

门框两侧刻着人首蛇身的伏羲、女娲像，另外还有羽人、奇花、怪兽等表示祥瑞的图案。伏羲和女娲手上各捧着太阳和月亮。门框的下方刻着一辆牛车和一辆马车。门扇上刻有朱雀、衔环铺首和独角兽，取镇守四方、辟除邪恶的意思。

快看，上面还有两只独角兽！

石在有趣

两只独角兽

画像下方头向前、角触地的就是独角兽。独角兽本名叫獬豸，是我国古代传说中的神兽，外形类似麒麟，大的如牛，小的像羊，头上长着一只尖尖的角。独角兽是一种镇墓兽。汉朝人死后，会把独角兽的形象刻在墓门上，有的会用木头或者铜制成独角兽的形象随葬在墓中，用来镇墓辟邪。

02 围猎神兽拉云车

基本信息

时代：东汉（25—220）
尺寸：高39厘米，宽173厘米
文物来源：出土于陕西省米脂县官庄村

真是太热闹了，好想加入他们呀！

神秘莫测的神仙世界

画面分内、外两栏，外栏刻有装饰性的卷草花纹，其间穿插奔跑的翼兽、驾龙车的仙人、骑鹿的羽人等，整个画面呈现了一个神秘莫测的神仙世界。

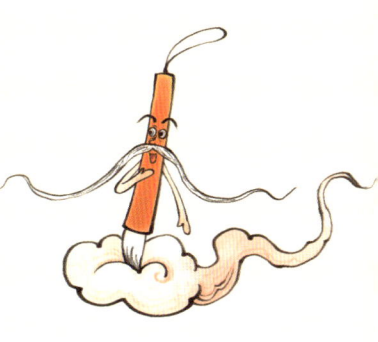

石在有趣

贵族阶级的娱乐生活

内栏刻有猎虎、捕熊的场面。猎虎图左侧，一个骑乘骏马的骑士，突然转身搭弦拉弓，射向一只张口翘尾、急速奔跑的猛虎。老虎身后的猎人手持长戟、身体前倾，全力刺穿了老虎的后腿。

人熊搏击图上，一人左手持盾、右手举剑，正在与一头熊搏斗。熊的身后，一位骑在马背上的猎人射中了熊的尾部。虽然熊的尾部已中箭，但它仍在挣扎，只见它右爪前伸，奋力抵挡盾牌的袭击；左爪背向身后，似乎想拔出尾部的箭羽。整个画面构图明快活泼，气氛紧张，把各种动物的特点刻画得淋漓尽致，生动逼真。围猎是汉画像石常用的题材之一，展现了当时贵族阶级的一种娱乐生活。

03 仙人唐公房碑

真是太神奇了!

基本信息

时代：东汉（25—220）
尺寸：高202厘米，宽67厘米
文物来源：原立于陕西省城固县升仙村

和道教起源有关的人物

道教创立于东汉，源于古代的神仙信仰，追求长生成仙。唐公房是道教早期人物，《仙人唐公房碑》为研究我国道教起源提供了实物资料。

一人得道，鸡犬升天

唐公房是西汉时期陕西城固人，汉中郡郡吏。这通碑记述了唐公房修道成仙后，全家连同鸡犬一同升天的传说，是成语"一人得道，鸡犬升天"的出处。

据记载，西汉末期，郡吏唐公房偶遇仙人李八百，并拜他为师。仙人李八百赐予唐公房仙药，唐公房服用后能辨兽语、行步如飞。太守听说此事后，命唐公房将法术传授给他，但是他始终没有学会。太守一怒之下，欲捉拿唐公房夫妻。唐公房急忙求助仙人李八百，仙人赠药给他们，让他们升天。

可是唐公房的妻子舍不得家，不愿离去。仙人又将药涂在屋柱上，还给马、牛、羊、鸡、犬、猪投喂了仙药。不一会儿，唐公房一家连同房子、牲畜一起乘着云升天了。唐公房成仙之后依然保佑家乡，因此家乡的百姓为他建祠立碑。

04 司马芳残碑

基本信息

时代：北魏太平真君六年（445）

尺寸：残高106厘米，宽98厘米

文物来源：出土于陕西省西安市西大街广济街口

你知道碑的主人司马芳是谁吗？

隶楷过渡字体

此碑最初刻于东汉末期,后于北魏时重刻。碑文书体在隶楷之间,是隶书转向楷书的一种过渡字体。

曹魏权臣司马懿的父亲

这通碑记录了三国时期曹魏权臣司马懿的父亲司马芳的官职和族望等。司马芳能力了得。根据碑文记载,司马芳担任过司隶校尉和京兆尹等要职,曹操、张飞、诸葛亮也担任过司隶校尉这一职务,而京兆尹负责治理都城长安,地位相当于如今的首都市长。

05 晖福寺碑

基本信息

时代：北魏太和十二年（488）
尺寸：高294厘米，宽90厘米
文物来源：原立于陕西省澄城县北寺村如来庙

中国名碑之一

这通碑的造型非常独特，碑额下有碑穿，碑身下方为束腰形，同时拥有这两种造型让这通碑显得尤为特别。

碑文记述了羌族宦官宕昌公王庆时建造晖福寺的经过。碑文为楷书，书法风格古朴、拙中见巧、锋芒内敛、气势豪放，是北魏时期的书法名品。当时，王公贵族的墓志、碑刻以及抄写佛教典籍的"写经体"普遍采用这种楷体。

一方被禁止捶拓的碑

早年，当地村民十分迷信，认为拓碑不祥，只要捶拓一次，便会导致人畜死伤，多年风雨不调。于是他们用油灰涂抹碑面，禁止捶拓，所以这通碑民国以前的传本很少。

06 于仙姬墓志

魏帝先朝故于夫人墓誌
世曾祖父成皇帝故夫人者西城宇闐
國主女也雖殊化異風飲和若一夫人
諱仙姬童年幼歲早練女訓四光自憨
雅恊后妃聖祖禮納寓之玫穿齡登
日薨於洛陽金墉之宫不殺命去二月廿七
九十壹弥未益暨不殺命去二月廿七
寄聲盲以太牢之祭儀同三公追戀無言
月四日窆於西坡謚曰恭三公追軌四
混混三饒渾渾大夜穿彼靈人奚頌辭
乘暉入冥照彼玄宫匪我留暑銘刊永
終已   化
月己巳　　太魏孝昌二年歲次丙午四日壬申行窆

基本信息

时代：北魏孝昌二年（526）
尺寸：高46厘米，宽38厘米
文物来源：1938年于右任捐赠

这位西域公主真是高寿呀!

一个美丽的西域公主

于仙姬是西域于阗国的公主,"姬"是古代对妇女的美称。于仙姬不是本名,是于阗国美女的意思。

于仙姬二十一岁时远嫁北魏文成皇帝拓跋濬,一直活到了九十岁的高龄。她在北魏历经文成、献文、孝文、宣武、孝明五位皇帝。她过世后,孝明皇帝元诩按照礼制将她葬在了西陵,谥号恭。

这通碑堪称宫廷书刻的经典之作,用笔方而不硬,风格质朴雄浑。

 石在有趣

盛产美玉的地方

于阗国是西域的著名古国,它所在的新疆和田地区盛产美玉。关于于阗国的最早记载是在《史记·大宛传》,文中提到于阗国在西域的东边。它处于丝绸之路的重要位置上,东西方贸易相当繁荣。

07 智永真草千字文

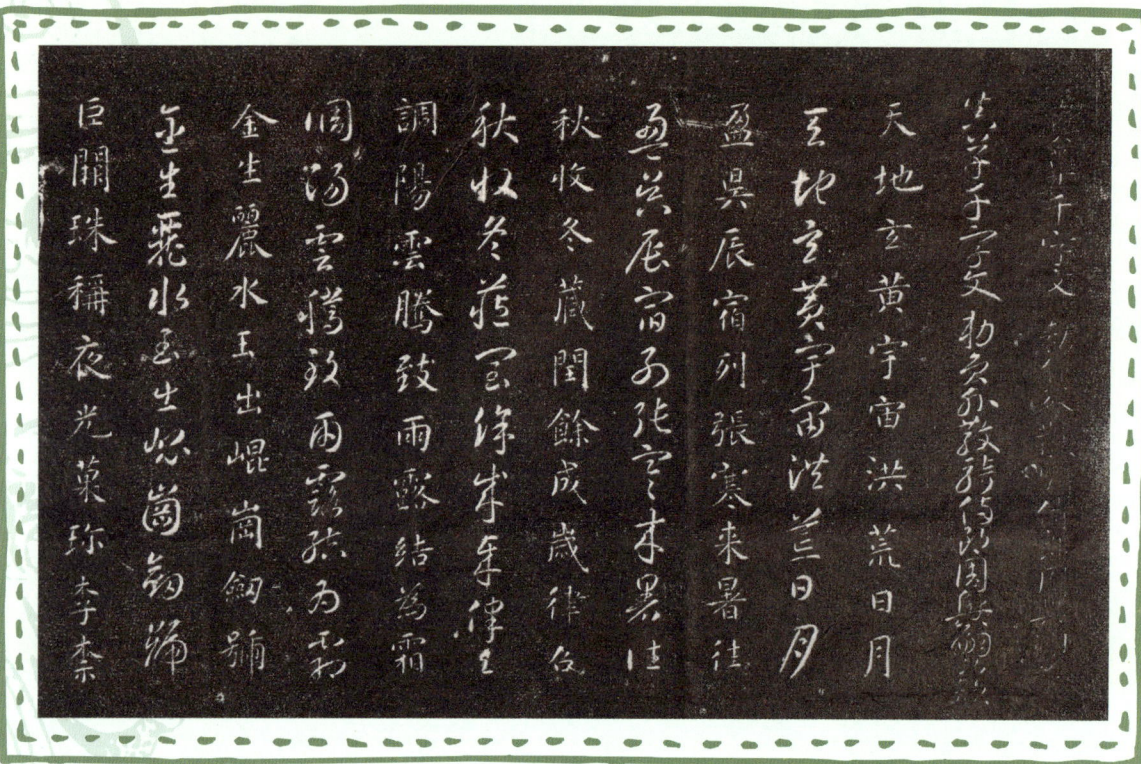

基本信息

时代：北宋大观三年（1109）
尺寸：高 268 厘米，宽 97 厘米
文物来源：北宋摹刻

16

书法学习的经典教材

智永和尚是南朝至隋朝时期的僧人,被称为"永禅师"。他本姓王,是王羲之的第七世孙,书法造诣深厚,尤其擅长写草书。

《千字文》是古代流行的蒙学课本,也是很多书法家经常书写的经典内容。智永和尚曾用楷、草两种书体书写《千字文》八百本,分发给各个寺庙,影响远及日本。此碑是北宋时用长安崔氏收藏的智永墨迹所刻。碑文楷书雍容恬静,草书骨气深稳,深得"二王"笔法,实现了二体的有机结合。

"退笔冢"和"铁门槛"的传说

智永曾在永欣寺书阁上每天练习王羲之的书法长达三十年,单是写秃了的笔头就有十大筐。他在门前挖了一个深坑,埋下了这些笔头,上面堆成土包,留下了"退笔成冢"的传说。在不断练习中,他形成了自己独特的书法风格。智永之前,草书体式杂乱不一,他奠定了草书的笔法,在他之后,草书归于一致。

智永成名以后,登门请教、求书的人很多,连寺里的门槛都被踩坏了,智永只好用铁皮来加固门槛,人们称之为"铁门槛"。

08 李静训石棺

基本信息

时代：隋大业四年（608）
尺寸：长192厘米，宽89厘米，高122厘米
文物来源：出土于陕西省西安市西郊梁家庄

中国保存最完整最漂亮的隋朝石棺

李静训，字小孩。因此，李静训石棺又叫李小孩石棺。李静训是隋朝开国皇帝杨坚的重外孙女，九岁因病夭折。

李静训墓是目前保存最完整、等级规格最高的隋朝墓葬。石棺整体造型是一座缩小版的宫殿，细节雕刻精美细致，堪称隋朝宫殿的实物模型。

家世显赫的小女孩

李静训家世显赫，她的曾祖父李贤是北周骠骑大将军、河西郡公；祖父李崇是一代名将，年轻时随北周武帝平齐，后来又与隋文帝杨坚一起打天下，官至上柱国。父亲李敏官封左光禄大夫，母亲宇文娥英是隋文帝杨坚与独孤皇后的外孙女，北周宣帝宇文赟（yūn）与皇后杨丽华的女儿。李静训拥有两朝皇室血统，聪颖可爱，深受外祖母的喜爱。

李静训的病逝给皇室带来了深深的哀痛。因此，皇室用厚葬的方式来寄托哀思。

09 李寿石墓门、石椁及龟形墓志

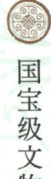
国宝级文物

 扫一扫，听课啦！

基本信息

时代：唐贞观四年（630）

尺寸：石椁长355厘米，宽185厘米，高220厘米

龟形墓志长166厘米，宽96厘米，高64厘米

墓门高213厘米，宽177厘米

文物来源：出土于献陵附近李寿墓

唐朝龟形墓志

李寿是唐高祖李渊的堂弟，曾在开国征战中立有战功，被封为淮安王，贞观四年（630）去世，陪葬在唐高祖李渊献陵旁。李寿墓门、石椁、兽首龟形墓志是西安碑林博物馆的"镇馆之宝"。

李寿石椁由二十八块青石构成，石椁内外壁上雕刻着各种精美的图案，形象逼真优美。李寿的墓志为龟形，造型独特，非常罕见。龟甲为墓志盖，盖下为墓志铭，文字均为楷书写成。

运气最好的"常败将军"

李寿，隋末唐初人，因为常打败仗，在后世的传记中，被称为常败将军。不过他死后却被封为"战神"，李寿的墓志里写着他"战无不胜"的事迹。

隋朝末期，唐高祖李渊在太原起兵后，李寿率兵响应，立下大功。他还在开国征战中平定了河北三十多州，可谓功劳不浅，这些都是他为国家建功立业的证明。

这个墓志是用滑盖打开的，设计真是太巧妙了。

10 同州圣教序碑

原来《圣教序碑》不止一块呀！

基本信息

时间：唐龙朔三年（663）
尺寸：高414厘米，宽113厘米
文物来源：原存于陕西省大荔县

褚遂良的两版《圣教序碑》

褚遂良的《圣教序碑》有两个版本，一个是《雁塔圣教序碑》，一个是《同州圣教序碑》。

《同州圣教序碑》刻于唐高宗龙朔三年（663），这个时候褚遂良已经去世。这通碑是翻刻的《雁塔圣教序碑》，因为褚遂良曾经被贬到同州做刺史，唐高宗驾临同州的时候，有些想念褚遂良，于是批准刻了这通碑。

碑文用楷体书写，用笔方圆兼备，通篇写得丰满秀美，运笔流利飞动，显得清俊飘逸，瘦硬有神。

李世民的托孤大臣

唐太宗的书法老师虞世南逝世后，魏徵将褚遂良推荐给他。褚遂良不但书法出众，也是朝廷重臣，性格十分耿直，深受李世民的信赖。贞观二十三年（649），李世民临死时，褚遂良受命辅政。唐高宗李治登基后，褚遂良因为坚决反对立武则天为皇后，被不断贬官，后来在流放的地方病死。

还有王行满写的《大唐二帝圣教序碑》。

11 断千字文刻石

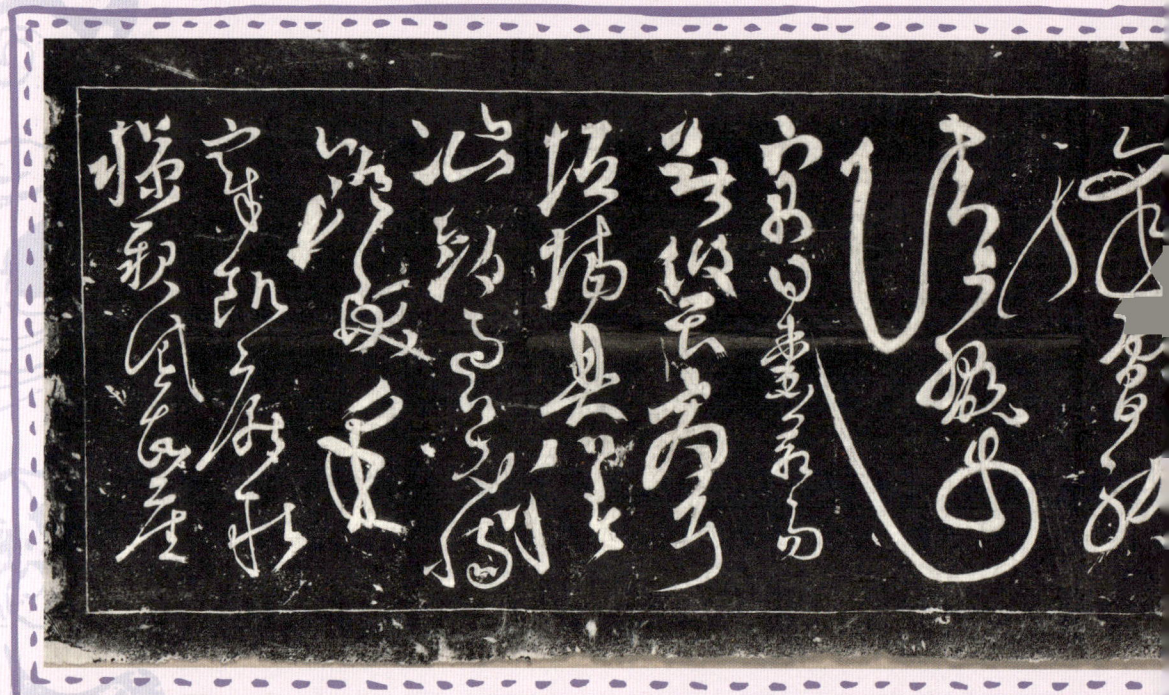

基本信息

时代：唐乾元二年（759）

尺寸：高33厘米，宽35～119厘米

文物来源：碑林旧藏

神仙附体的书法

　　碑石为唐朝张旭草书作品。张旭的书法笔意纵横，飞龙走凤，气势磅礴，在草书艺术中独树一帜。

　　由于他将草书笔画做了较大增减，笔道上下勾连，字形变化较大，不易辨认，从而形成了著名的颠张"狂草"。

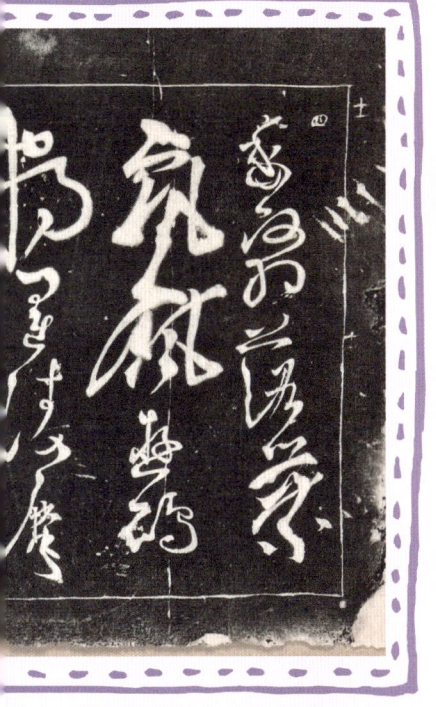

这些字缠绕在一起,好难认呀!

张旭的得意门生

颜真卿二十六岁参加科举考试中了进士,后来在礼泉县当了县尉。因为他酷爱练字,一心想学书法,不久便辞去官职。他拿着自己写的字,去洛阳想要拜大书法家张旭为师,不料张旭说:"你是国家的栋梁,哪能在写字上花那么多工夫?"颜真卿只好回去继续做官。虽然公务繁忙,可他还是不忘练字。之后,他又一次辞官来找张旭。张旭被他的诚心感动,收下了这个徒弟,将自己的书法心得传授给他。后来,颜真卿成为唐朝杰出的书法家。

12 道因法师碑

基本信息

时间：唐龙朔三年（663）
尺寸：高 312 厘米，宽 103 厘米
文物来源：原立于长安怀德坊慧日寺

书法史上的"大小欧阳"

这通碑是唐朝著名书法家欧阳通的代表作,碑主道因法师是曾协助玄奘法师翻译佛教经典的一位高僧。

欧阳通是欧阳询的第四个儿子,官至宰相。欧阳通擅长书法,尤其是楷书。他的楷书虽然传承于父亲欧阳询,但写得更加瘦硬劲挺。父子齐名,并称书坛"大小欧阳"。虞世南认为他的功力"当在褚遂良之上"。

挑剔的书法家

欧阳询会八种书法字体,据说他写字不择纸笔。但是他的儿子欧阳通对所用文房四宝特别讲究,用的笔必须是象牙、犀角做的笔管,狸猫毛和兔子毛做的笔头,墨必须用松烟和麝香做成,纸必须是坚挺、光滑的薄纸,准备齐了才开始写字。

我的字练不好肯定是因为毛笔不行!

13 断臂菩萨立像

你想象的完整菩萨像是什么样子的？

扫一扫，听课啦！

基本信息

时代：唐（618—907）
尺寸：残高110厘米
文物来源：出土于陕西省西安火车站

东方维纳斯

这尊亭亭玉立的菩萨残像失去了头部、双臂和双脚，虽然残缺，但那动人的曼妙身姿，给人留下了无限的想象和遐思，人们称它为"东方维纳斯"。

透过这尊精美的菩萨像可以发现，一千年前的唐朝匠师们已经准确地掌握了人体比例，并用他们精湛的刀法将其展现在石刻作品上。

文化大使

这尊断臂菩萨像是用一整块汉白玉雕刻而成，质地细腻柔润。石像上身袒露，左肩斜披着一缕轻纱，下身穿着轻薄柔软的长裙，展露出匀称健美的身体曲线。从它优美的体态、上好的石质和精美的雕工来看，它可能是唐朝皇宫里的供奉物品。

作为唐朝造型艺术的代表，这尊菩萨像曾出访过世界多个国家，是名副其实的"文化大使"。

14 永康陵蹲狮

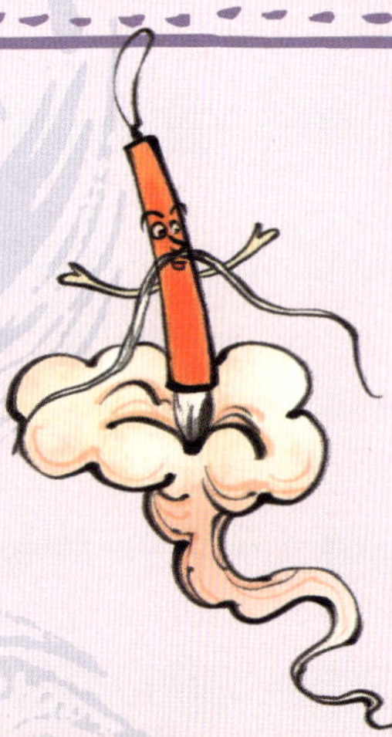

基本信息

时代：唐武德元年（618）

尺寸：高205厘米

文物来源：原立于陕西省三原县永康陵前

唐朝最早的帝陵石雕之一

蹲狮在造型上承袭了北朝雕刻朴拙遒劲的艺术风格，刻画得细腻逼真。它胸部突起的肌肉，挺直的前肢，披满长毛、高高昂起的头和那怒睁的双目展现了狮子的威武。

唐朝人为何谈"虎"色变？

永康陵是唐高祖李渊祖父李虎的陵墓。李虎因帮助西魏讨伐东魏有功，封为柱国，死后追封为唐国公。

李渊建立唐王朝后，在武德元年（618）追尊李虎为太祖景皇帝，并下令臣民避其讳。有"虎"字的人名、地名、官名等都要用别字代替，或者进行缺字处理。一般是将"虎"改称"武"，比如，"虎牢关"被改称"武牢关"，"虎牙将军"被改称"武牙将军"等。

而在民间，老百姓称呼老虎为"大虫"，虽然这个称呼早在东晋时期便已出现，但在唐朝时才普及，并且在唐朝灭亡后的很长时间里，都在使用这个称呼。

15 老君像

国宝级文物

扫一扫，听课啦！

基本信息

时代：唐开元二十九年（741）
尺寸：高 193 厘米
文物来源：原立于陕西省骊山华清宫朝元阁

老君像的相貌取自一位名人

老君即老子，他身穿道袍，腰间佩戴着锦带，坐在石台上，慈祥端庄，气宇轩昂，既像在凝神静思，又像在吟诵道法。

据说，安禄山为了取悦唐玄宗，特意请来了西域著名雕刻家元伽儿，让他根据唐玄宗李隆基的相貌雕刻了老君像。

石在有趣

为什么一些地方老子的雕像是吐舌头的？

老子去看望病重的老师常枞（cōng），想听听老师最后的教诲。常枞说道："刚硬的牙齿掉落了，而柔软的舌头还在。你知道这是为什么吗？"老子回答说："舌头之所以存在，是因为它是柔软的；牙齿不存在了，是因为它是刚硬的。"常枞说："是这样的。"成语"齿亡舌存"就是这么来的。

原来唐玄宗长这样呀。

16 郭氏家庙碑

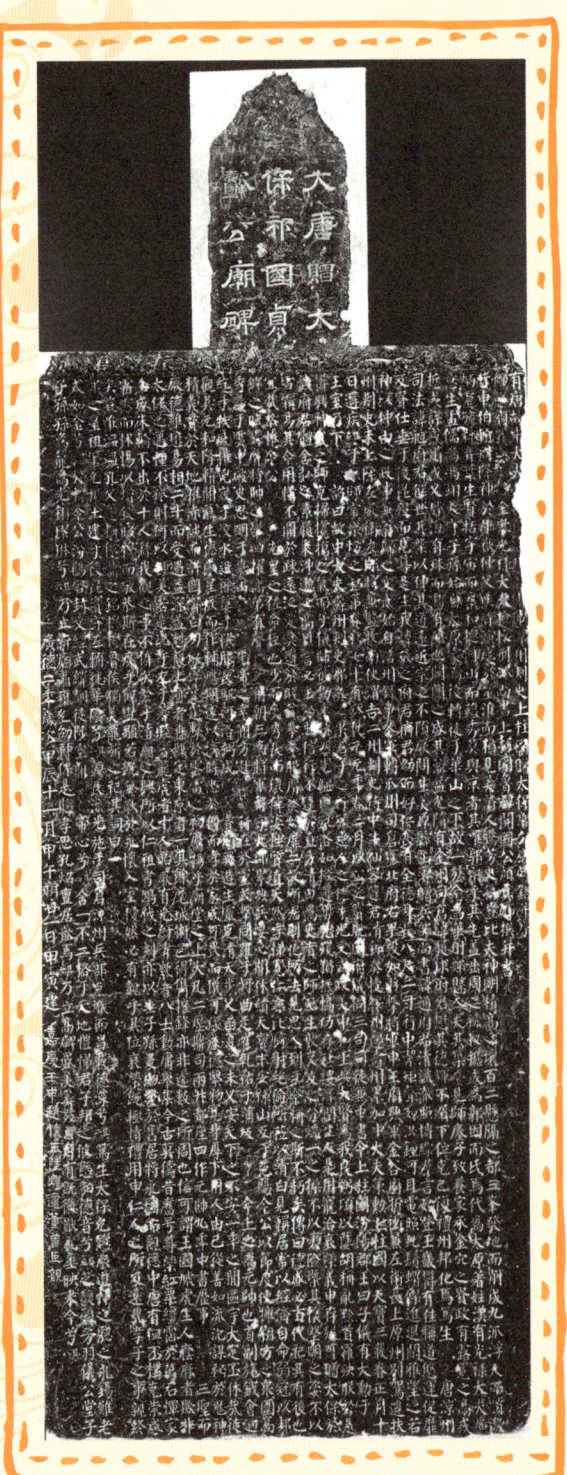

颜真卿代表作

这是颜真卿五十六岁时的楷书作品。五十到六十岁是颜真卿书法的成熟时期，此时他的书法气势磅礴、苍劲有力，笔法也更加精练。他的作品成为盛唐书法的典范。

基本信息

时代：唐广德二年（764）
尺寸：高371厘米，宽126厘米
文物来源：原立于长安长乐坊郭子仪私邸

恪守孝道的大将

这是时任中书令的郭子仪为他父亲郭敬之建家庙时所立的碑,碑文叙述了郭子仪的家世和功绩。郭子仪的做法,恪守了《孝经》里的教诲:"立身行道,扬名于后世,以显父母,孝之终也。"意思是人要遵循仁义道德,有所成就,获得好的名声,使父母感到自豪,这是孝的终极目标。"建功立业、扬名后世",这是儒家推崇的孝道。

17 颜勤礼碑

国宝级文物

琅琊颜氏是唐朝很有名望的家族。

颜真卿的家族出了这么多有才华的人呀！

扫一扫，听课啦！

基本信息

时代：唐大历十四年（779）
尺寸：高268厘米，宽92厘米
文物来源：原立于唐长安凤栖原

颜真卿的巅峰之作

这是颜真卿晚年楷书的代表作，碑文书法气势磅礴，苍劲有力，完全脱开了初唐的楷书体态，彰显了颜体个性，是研究颜体书法最好的范本，也是颜氏书法艺术完全成熟的标志。

石在有趣

颜真卿为何叫颜鲁公

这通碑是颜真卿为自己的曾祖父颜勤礼撰书刻立的神道碑，碑文追述了颜氏家族的世系及功业。

颜真卿被封为鲁郡开国公，世称颜鲁公。他一生所写的众多碑石，都题有自己当时的全部官衔，而这通碑只题写了"曾孙鲁郡开国公"七字。这是他丢掉官职，被贬为吉州司马期间写的。

18 三坟记碑

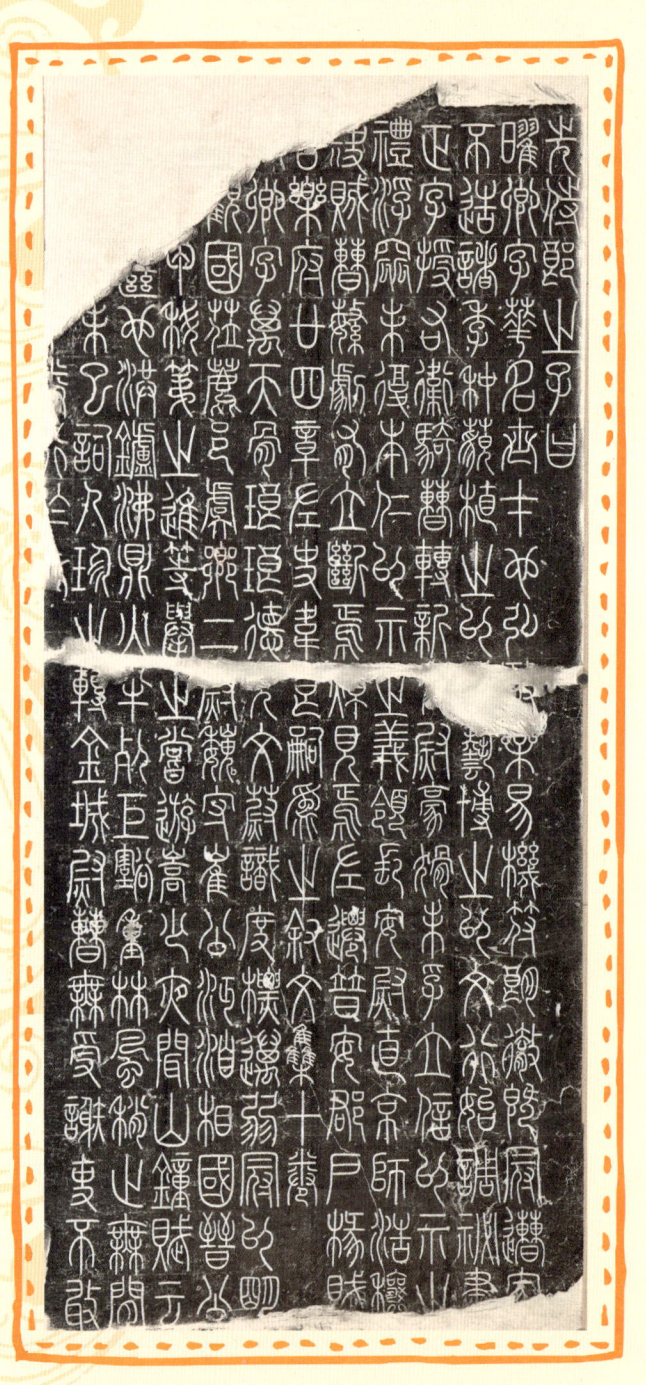

基本信息

时代：唐大历二年（767）
尺寸：高210厘米，
　　　宽80厘米
文物来源：原立于唐长安凤
　　　　　栖原李氏墓地

这位书法家是李白的叔叔。

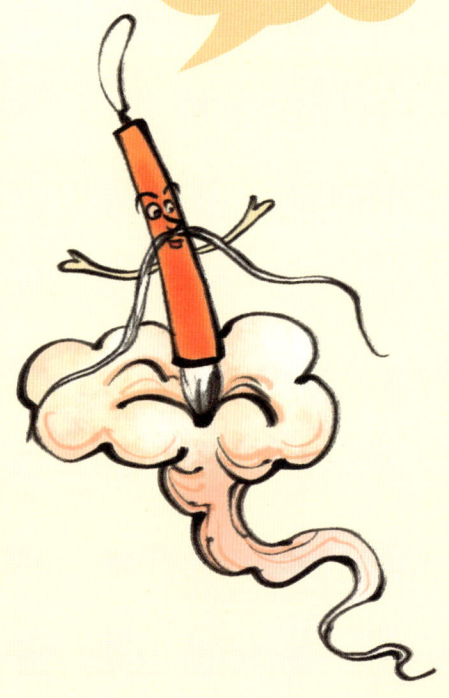

38

跨越千年的"二李"

《三坟记碑》是李阳冰的代表作，记述了其父李季卿改葬自己三位兄长的事情。碑文继承了李斯《峄山刻石》的笔法，字体瘦劲修长，均匀对称。

秦朝之后小篆逐渐衰落，到了唐朝又迸发出新的生命力。在唐朝篆书中，李阳冰成就最高，后人将他与李斯并称为"二李"。李阳冰对自己的篆书也很自信，自诩"斯翁之后，直至小生"。

石在有趣

叔侄"二李"

李阳冰是李白的族叔，他比李白小二十多岁，只是辈分比较高。据说李白晚年潦倒，投奔了当时在安徽任当涂令的李阳冰。

李白去世后，李阳冰将李白的诗稿整理成诗集《草堂集》。所以说，李白的诗歌之所以能千古传诵，不仅是因为他的诗歌具有很高的文学价值，李阳冰的编辑整理也是功不可没的。

果然不同凡响！

19 迴元观钟楼铭

见证安史之乱

碑文记述了唐迴元观的历史和唐文宗给迴元观赏赐铜钟的经过。迴元观曾是李隆基赐给安禄山的宅第，安禄山叛乱被平息之后，宅子被改作迴元观。"迴元"二字有恢复元气的意思，寓意要以此为戒，重新振兴唐王朝。

碑文是柳公权用楷体书写的，书法结体严峻，刚柔并济，是柳体楷书中的珍品。这通碑因为长期埋在地下，碑上除个别字稍有残损外，其余文字字口清晰，是柳公权存世碑石中保存最完整的一块。

基本信息

时代：唐开成元年（836）
尺寸：长123厘米，高60厘米
文物来源：出土于陕西省西安市和平门外

国宝级文物

石在有趣

书法界的超级明星

柳公权的楷书很有名，他初学王羲之，后来吸取了颜真卿、欧阳询的长处，开创了"柳体"。柳公权的书法作品在当时名满天下，请他写碑和墓志的人很多，达官贵人如果请不到柳公权书写墓志铭，就会被认为不孝。外国使臣不远万里来向朝廷进贡，怀里会单独揣一个钱袋子，上面写有"此购柳书"字样，由此可见柳公权书法的魅力！

哼，这么好的宅子给你住真是太浪费了！

别冲动，宅子已经被收回了！

20 兴庆宫图

基本信息

时代：北宋元丰三年（1080）
尺寸：高78厘米，宽53厘米
文物来源：出土于陕西省西安小湘子庙街

中国最早的宫殿石刻图

《兴庆宫图》是北宋吕大防命刘景阳等制作的，上半部分的《大明宫图》已经断残。

这幅宋朝石刻图有象形符号、名称标注、比例尺和定位方向，真实完整地再现了唐朝兴庆宫楼阁宫殿的全貌，精度高、位置准，在上面还可以看到"每六寸折地一里"的类似比例尺的标志。

《兴庆宫图》在刻制技巧上运用了中国古代特有的手法，采用平面图形和立体形象相结合的表示法。这种方法造型生动、形象逼真，易于阅读和使用。图上大多采用形状各异、大小不同的符号表示各种建筑，这些符号的设计和实际建筑外形相似，富有直观效果。现代旅游图中也采用了这种方法。

这是中国最早的宫殿平面图。

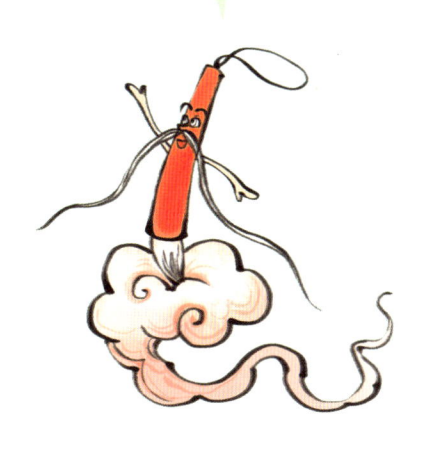

石在有趣

兴庆宫的历史

兴庆宫位于长安城内兴庆坊，是唐玄宗李隆基登基前的旧居。扩建之后，唐玄宗和杨贵妃从大明宫移居到这里，兴庆宫开始成为皇帝起居听政的正式宫殿。

兴庆宫里有各式各样的亭台楼阁、风光秀丽的园林湖色和辉煌壮观的宫殿，主要建筑有兴庆殿、大同殿、南薰殿、花萼相辉楼、沉香亭等。

21 一笔福

基本信息

时代：清康熙年间（1662 — 1722）
尺寸：高175厘米，宽93厘米
文物来源：碑林旧藏

带"福气"的字

《一笔福》是清朝书法家郭修文的作品。此字虽然飞白较多,但不显干枯,自然生动,韵味无穷,毫无造作之态,反映了文人雅士的笔墨情趣。

石在有趣

一个跟扫帚有关的故事

飞白书是汉字书体的一种,笔画露白,像枯笔所写,它的内涵包括隶书中的"飞"与线条中的丝丝露"白"。

相传飞白书是汉朝书法家蔡邕创造的。一次,蔡邕到皇家藏书的鸿都门送文章,他在等待被接见时,偶然间见到门匠用扫把蘸石灰水在刷墙,扫帚扫过,白道里仍有墙皮透出来。蔡邕受此启发,不断练习,独创了"飞白书"。历史上有不少皇帝和书法家喜欢飞白书,如李世民、武则天、王羲之、王献之等。

果然艺术来源于生活呀!

回头我也要用扫帚和拖把练字。

22 心画初机帖

快看，这不是刘罗锅的字嘛！

基本信息

时代：清道光十九年（1839）
尺寸：高30厘米，宽101厘米
文物来源：陕西布政使杨振麟赠碑林

浓墨宰相

刻石共六块，碑文为刘墉书写，书帖内容是刘墉谈自己幼年学习书法的事情。

清朝著名帖学大家刘墉出身名门，家里世代做官。他与纪昀、和珅并称为乾隆朝"三大中堂"。又因为刘墉的书法造诣深厚，风格浑厚古朴，很有个性，他也被世人称为"浓墨宰相"。

石在有趣

刘罗锅真的驼背吗？

据说，刘墉驼背，因此在民间有着"刘罗锅"的称呼。其实，古代选官要考察形体、语言表达、书法、思维这四个条件。所以，为官的刘墉不可能是个驼背的人。刘墉有这个称呼，也可能因为嘉庆皇帝经常叫他"刘驼子"，不过那个时候的刘墉已经八十多岁了，弯腰驼背也是正常的。

23 宁静致远碑

康熙御笔

这是康熙率兵亲征准噶尔时,写给功臣川陕总督吴赫的题字。康熙是一位文武双全的皇帝,擅写各种书体,尤其擅写字体巨大的榜书。这幅作品字大如斗,结构严谨端庄,用笔丰润,书法圆融秀逸,平稳中光彩照人。

基本信息

时代:清康熙三十六年(1697)
尺寸:高130厘米,宽33厘米
文物来源:碑林旧藏

石在有趣

"宁静致远"的由来

楷书"宁静致远"是康熙所写,出自西汉《淮南子·主术训》:"是故非澹薄无以明德,非宁静无以致远。"意思是只有心境平稳沉着、专心致志,才能厚积薄发、有所作为。